個人飲食店
地方からの挑戦

松山あづさ
MATSUYAMA Azusa

文芸社

はじめに

私は青森県弘前市の岩木山麓で「酔い処　暖欒」（以下「暖欒」と表記）を経営している。地域密着型の飲食店である。

令和二年三月に文芸社より、エッセイ集『光のエナジー』を執筆、出版した。その直後に訳の分からないウイルスが発生し、今では世界中を変えてしまった。「暖欒」は新型コロナウイルスのまん延により大打撃を受けた飲食店の一つである。

「中小企業等事業再構築促進事業」補助金とは、世界中で新型コロナウイルスが猛威を振るう中、日本の経済産業省が、打撃を受けた、個人事業主や中小企業向けに、業種転換や新分野展開等、思い切った事業再構築に意欲を有する挑戦を支援する為に掲げた政策である。

私はこの政策に則し、地域組織の密着度、地方が抱える生活問題等を取り入れ、その問題を飲食店ならではのやり方で、地域貢献に繋げる事業計画案を商工会に提出。幸いにして多大な協力を頂き、組織の全ての能力を使って、この〝事業再構築補助金〟に挑んだ結果、〝採択〟に至った。今作は、それ迄の経緯を、ドキュメントタッチに描いたものである。

目次

はじめに　3
この事業への取り組みと流れ　7
発信は個人から直接〝国〟への時代　16
ビジネスとして　18
地方で営む飲食店のあり方、役割の徹底とその必要性　21
待っているだけのテイクアウトでは追い込まれる理由　24
人気店には人気店の理由がある　29
地域密着型と大手チェーン型の飲食店ビジネスの違い　32
絶対経費を最大限に活かす術　35
個人事業の難しさ　38

キャッシュの強みとキャッシュの脅威　40
現在の実働経過　45
挑戦とは　50
将来の展望　57
最後に　62
商工会のサポート内容「酔い処　暖欒」の新事業に対して　65
父から娘へ　69

この事業への取り組みと流れ

新型コロナウイルスが私達の生活を脅かす中、世の中は様々な給付金制度で、騒がしかった。緊急事態宣言の中、飲食店向けの給付金には、どの経営者も、目を向けていた。

令和二年の師走、コロナウイルスが世界中に広がり、全世界の人々が、ワクチンを待っていた時、私の耳に一つの噂が入ってきた。

〝来年になったら、国から新分野や、事業転換等の為の支援の政策が打ち出される〟

〝ハードルはかなり高く難関だ〟

私の店は、地域の幅広いニーズに対応するお店の為、様々な情報が真っ先に入ってくる。そのスピードは地域でもトップクラスである。

私はこの話を軽く聞き流しながら、しかし、しっかりと重く自分の魂・チャクラにインプットしたのである。

〝本命はこれだ〟と思った。

カウンターのお客様の相手をしながら、私の頭の中では、この事業に対しての構想、そして、おおよその事業計画、取り組み、流れがイメージできたのである。

〝世の中のテイクアウト合戦に、今、乗ろう〟

〝ターゲットは街中《まちなか》でなく、田舎だ〟

〝安さの追求だと絶対に勝てない〟

〝農家だ〟

〝畑にお弁当配達だ〟

その配達シーンまでもが、脳のスクリーンに映し出され、真っ赤なりんご園に、「暖欒」のお弁当が届くCMまでも、その時浮かび上がったのである。

〝あっ、私、岩木山商工会から発信する〟

〝採択されるよ〟

〝それに向かうよ〟

その時の感覚を思い出すと、後に採択結果が出た時間より、私の魂はゾクゾクし、そして未知への取り組みにワクワクもし、興奮していた。〝コロナ禍で鈍った私の細胞〟は、完全に、ビジネスモードにシフトチェンジされていたのである。


余談ではあるが、私が何故ここ迄、事業再構築促進事業に強い思い入れがあるか。私の父は、私が子供の頃、コンピューター開発の第一線に立ち、新事業を新しい時代に向けて進めていく事業家だったのである。後に、二度のどでかい倒産を経験するが、現在では、農業事業に取り組みながら、エッセイ集『令和は万葉人の贈り物』（松山進／松山みくさ）を執筆、令和二年三月に文芸社より出版している。

この父の事業家としての信念や生き方が、そのまま私に反映された。私の新事業に対する思いは、そうして培《つちか》われた私の魂そのものであると言える。

だから、この話が出た時、一瞬で新事業の構想、そして手順、流れが脳裏に映像のように映し出されたのであろう。

同時に、私の人生を懸けたこの〝地方から国に挑戦していく〟事業を、地元岩木山商工会奈良岡事務局長と、角田経営指導員と共に進めよう。すなわち地域の商売をしている人達の相談・経営指導、そして地域の金融団の窓口になる商工会と発信しようと誓ったのである。

私は確信に満ち、自信に身震いした。

岩木山商工会との挑戦で落選なら、この小さな地域からの発信、そして結果を出すことは最初から不可能だと思った。同時に、この案を落選させるような事業再構築促進事業、そして行政なら、日本は駄目だと思った。

何故、そこ迄地域の組織にこだわり、プロのコンサルティングが入らなくても、自信があったのかは、後に触れる。ただ、地域密着型とは、ビジネスの濃さと、組織力の強さである。商工会という地域組織を最大限に巻き込むことができるのは、私のような個人事業者ならではであり、地方の武器である。

私の活動の中の一つを例に取れば、コロナウイルス発生以前の岩木山商工会主催の夏祭りがある。そこでも、私は商工会組織を最大限に利用し、商売をした。

会員限定の空間にテントを張り、地域の若い青年達に焼きそばを売らせる。人が余り通らない場所には、イスを置き、ゴミ箱を設置させ、客の足を止めさせた。

テントの中には、大勢のスタッフを入れ、祭りの醍醐味であるビールを好きなだけ飲ませながら、あの真夏の強い日差しの中、鉄板の上で焼きそばを何百食も焼かせる。

テントの中で、まずスタッフが楽しくて仕方がない、大の大人が、子供みたいにワクワクし、興奮する、このエネルギーに引かれ、一人、又一人と、テントの前は、子供から大人、そしてお爺ちゃんやお婆ちゃん達と三世代にわたって行列をつくった。

焼きそばを買う迄は、やはり会場で買ってくれた生ビールを飲みながら、並んでくれているのである。

この焼きそばのテントは年々、キャパが大きくなった。戦略は大成功である。大体の会員は、雨ならどうしよう……と心配する。テントこそが、その時のステージ、城なのに、小さく小さくまとめようとする。

私は、全く逆である。一日雨でも、祭りは二日間ある。次の日一日、晴れてくれたら良い。その年の二日とも雨で損をしても、次の年に二日間、晴れるかもしれないし、土日に祭りがぶつかるかもしれない。

祭りはイベント型商売で、仮設である。設定が常設の商売とは全く違う。出店料は商工会の会員で格安だ。宣伝は主催者がしてくれる。お客は、呼ばなくても、祭りに遊びに来ている。

こんなチャンスはない。絶好のチャンスだ。雨でも良い、想定内だ。

地域の野球チームのメンバーをスタッフに入れ、〝チーム暖欒〟とし、若い力のエネルギーを祭りと一体化させる、おしみなく飲ませる。そこに、お客様も一体化させる、そのエネルギーを商売に変える。数時間で、何百食も売る。私は、その売り上げの一

リョーセーズ
TEAM
暖欒

部をスタッフとなる、〝チーム暖欒〟の有志達の地域の野球チームに、寄付をする。

チームの仲間達は、自分達で仕事をつくり、自分達で稼ぐ事のコツと楽しさを体で覚えてしまう。

この小さな、そしてとてつもないチャンスの成功例が、自信となり、今後のチームのキャパに繋がるのである。

このスタイルを実現できるのも、地域密着の典型であり、商工会事務局側と、地域の小さな野球チームを繋ぐ私の役割であり、商売であり、私の活動であった。

このような、年間行事を通しての地域組織との交わりが、今回の事業再構築補助金への挑戦になっていったのだろうと思う。

TEAM
曙

生ビール
¥500
ハイボール
¥400

発信は個人から直接〝国〟への時代

この事業の一番面白いところは、真っ直ぐに国に発信できるところだ。

私は常日頃から、自分の選択の優先順位を〝面白い、嬉しい、楽しい、美味しい〟でしか選ばない。

今回の公募は、飲食店ばかりでなく、あらゆる業種の中小企業、個人事業主にチャンスがあり、皆、直接発信してゆく。新分野展開に加えて、事業転換や、業種転換等、その企業の挑戦をパートナーのコンサルティングと共に国の採択を目指し、挑むのだ。

私はまさに、新時代への幕開けだと思った。各々の団体が、各々選んだ認定支援機関と、採択の為のアピールに、資料作りに試行錯誤し、その行程をも楽しめる。

全く面白い時間だと思う。

私のビジネス感覚に加えて、角田経営指導員や娘の愛海の明確で的確な指摘が入る。この事業における私、経営者と経営指導員の仕事の違いが、ビジネスワークやソーシャルワークで見えてきた。私の足りない部分が経営指導により、具体化されてゆく。しかし、目指すところが同じ私と角田経営指導員である。私の構想を計画書という形あるものに変貌させたのであった。

出来上がれば、直接、自分のパソコンから国の事務局に応募する。

行程の確認、修正も直接事務局と電話でやり取りをするのである。

私達のこの行程を、部外者も何も入れず、この小さな田舎から直接行政に発信していくのである。経営者として楽しいに決まっているし、醍醐味である。

そして、この地方では、テレワーク等のコロナ新時代を実感として感じる環境が乏しい為、私は直接、自分で案を出し、自分で選び、認定支援機関と協力して進めていける、まさに、〝これは新時代の象徴だ〟と思った。

ビジネスとして

このビジネスの発想・結論は、私の中で同時に浮かびあがった。

私は、青森県弘前市、岩木山麓に位置する場所で飲食店を経営している。このことから、その立地条件、町の状況、環境等を踏まえ、この新分野展開の要《かなめ》として農家に目を向けた。

青森県のりんごは、生産量日本一である。生産量だけでなく、味も日本一だと思う。

近年りんごの価格が安定していることも、私のビジネスの枠を広げた。

私の店は、お客様の幅広いニーズに応じ、利用して頂いている。

私は、元々は青森県民ではない。だが、言葉の分からない青森に来た時から、昼夜を問わず商売を始めたのである。そして今の旧岩木町に、一家団欒、家族団欒を目指した飲食店を開店した。団欒などというと簡単なことだと思えるが、現代では一番難しい。そこで私は、第三次産業である飲食店、いわゆる〝アフター・ファイブ〟の世界で、団欒の場を提供することを店のコンセプトとしたのである。

当初は商工会をはじめ、各団体、行政、地元の金融団、学校関係等に利用してもらっていた。そこに風のように舞い込んで来たのが、りんご農家の人達であった。

十四年前に「暖欒」をオープンする前迄は、私のお客様の中に農家の方々は少なく、余りご縁がなかったのだが、今では、強いご縁を感じるのである。私は農家の人達と、商工会をはじめ、地域で生き、活躍している人達のエネルギーをお店で循環させたいと思った。何故なら、同じ強いエネルギーだと感じたからだ。

この人達の持っているエネルギーは、同じ波動を出している。このエネルギーが一つになれば、最強の武器だ。

ただ一つの問題は、私の側も、農家の方々同様、誰一人、自分達の発信できる才能に気付いていなかったのである。

地方農家と、各組織の連携への歩み寄りはなかなか難しく、加えて、日常生活、生きる為に絶対必要というものではない私の飲食店ビジネスは、新型コロナウイルスにより打撃を受けている。そんな中、飲食店の必要性をどうにかして今後、アフター・ファイブの世界、社交場のつくり出すエネルギー、役割を発信していかなければならない。

私はビジネスとして、選択したこの飲食店業界の役割を明確にし、その仕事により、継続的にお金を稼がなければならない。そのしくみをつくるのが、私、経営者の務めと責任である。

ビジネスとは、お金を生み出す仕組みをつくることである。

経営者とは時間と仕事を自分でつくり、そのうえで人を雇用し、利益を生み出す組織をつくる人のことである。

地方で営む飲食店のあり方、役割の徹底とその必要性

新型コロナウイルスの発生で数多くの飲食店が決断を迫られた。閉店したり移転したり、逆にコロナ禍ならではの経営戦略で新たに店をオープンさせたりと様々であるが、いずれを見ても、やはり飲食店業界の変貌ぶりは、時代をつくる文化だと思わされた。

私の暮らす地方では、経営状態の悪化というだけではない。年配の先輩方は、自分の行く末を考えての閉店も多くなった。

私ももし、このコロナ禍で、すぐにお店の清算が済んだなら、そして、今より年齢が十歳上であったなら、お店の継続は選ばなかったと思う。

何故ならば、大体のお客様の年齢が私より平均二回りか、それ以上、上だからであ

る。一度家に籠ることに慣れた体にとって、又、以前のように夜の街へ飛び出す体力とエネルギーを蘇らせるのは、とても困難である。一方の私も、相当のエネルギーを費やすからである。

幸いにして、私はまだ、この自分の体力と、現在の客層を分析し、総合してみた結果、経営継続は可能と判断した。そして事業再構築補助金に志願したのだ。清算できない一番の理由は、私をこれ迄支え、応援してくれた人達の余りの多さであった。

地方で営む飲食店には特徴があるように思う。それは、地域の人達への〝場〟の提供、集《つど》いの場としての役割の明確さだ。

お腹いっぱい食べるだけのことなら、瞬時に食事が出てくる大手チェーン、明朗会計の店に足を運べば良いのである。

私が始めようとしている農家へのお弁当配達も、それと同様である。ただ、お弁当を運ぶ業者なら、何も私のお店でなく、大手チェーンの宅配業者の方が便利なのは明白である。

しかし前述したように、集うことが難しくなった今日、そして雪国というリスク、りんご農家の繁忙期、そしてコミュニティや情報の不足といった、地方農家の実態をフォローし、ビジネスに変えてゆくのが、私達アフター・ファイブの世界の仕事であり、役割と思うのである。

この間接的ビジネスを、街で活用させるのも、地域密着型ビジネスの役割であり、商工会という組織が潤滑油として必要不可欠である。

又、この地域で生きる人達には情報、そして、事務的処理等の相談窓口が必要である。何故ならば、ほとんどの人がパソコンを使えず、又、その必要性もそれ程感じていない。情報にも鈍感である。だからこそ、商売をする経営者、そしてその跡継ぎとなる青年部や婦人部といった人々によって情報の交換、親睦、そして、金融方面の相談窓口にと、商工会の存在は大きい。

待っているだけのテイクアウトでは追い込まれる理由

世の中が緊急事態宣言の中、どの飲食店経営者も給付金を待ちながら、どのようにして、在庫の食材、食品を、消費者に向けて流通させるか、試行錯誤していたと思う。

私もその真っ只中にいた。世の中がテイクアウトに力を入れ始めた頃だったが、私はまだ手を付けず、色々な店を一人のお客として訪ね歩いていた。

大体が、そのお店のイメージに合ったテイクアウト商品やお弁当のメニューを用意し、店の入り口に写真やポスターと一緒に張り出していた。現代の象徴でもあるＳＮＳでの発信も加わり、それらを見る人々にとっては緊急事態宣言の中でも目の保養、豊かさの提供にもなったと思う。

しかし私は、様々な企画や案に目を通しながら、ビジネスの観点から考えていた。

このお弁当やテイクアウトを、限られた時間の中、世の中が真っ暗く沈んでいるこの時に、自分の店の経営悪化を埋める為には、何個売れればいいのだろう。

ここは都会ではない。企業はほとんどなく、サラリーマンやOLはほとんどいない。

食事としての役割ならば、コンビニエンスストアーや、便利で、価格の安い配達デリバリー業者もある。

その事実が、明確な答えを示していると思った。

結果は、次にそのお店に行けば分かる。少し寂しい気持ちにもなるが、これは、ビジネスである。試してみて無理なことは一度やめ、体力ある限り、又、戦略を立てれば良い。それが、経営の醍醐味でもあると思う。

この新型コロナウイルスの影響で少しでも悪化した売り上げの足しにしたいというのは、非常によく分かる。

普段の経営状態プラスアルファーの増益を目指してのテイクアウトやお弁当の店先

での販売は、その絶対経費（後述参照）の中でならロスも少なく、利益に繋がる合理的な戦略だろう。だが、コロナウイルス以前の経営形態がお酒中心だったお店が、テイクアウトとお弁当だけ販売するというのは、地域の特性から見て難しい。

何故なら、お弁当やテイクアウトは単体だからである。そこには、それ迄あったお店のシチュエーションや笑える会話もなければ、価格を膨らませてくれる強い味方のお酒もない。どんなに、この一つの単体に売上げ向上の意欲を向けても、ここはやはり、お酒を中心にお店づくりをして来た経営者には無理があり、お弁当、テイクアウト単体による利益の追求は体力の限界が来るのである。

以前なら、お弁当やテイクアウトの商品であっても、お客様の来店と共にお水が運ばれ、フレッシュジュースやビールにワイン、さらにカラオケや店の人間や来店客同士のコミュニケーションといったものを含めて客単価を上げることができた。つまりその経営者の裁量で、価格や満足度、価値を大きく膨らませ、進化を遂げられたのである。

郵 便 は が き

料金受取人払郵便

新宿局承認

7553

差出有効期間
2024年1月
31日まで
(切手不要)

1 6 0-8 7 9 1

141

東京都新宿区新宿1－10－1

(株)文芸社

愛読者カード係 行

ふりがな お名前			明治 大正 昭和 平成	年生 歳
ふりがな ご住所	□□□-□□□□			性別 男・女
お電話 番 号	(書籍ご注文の際に必要です)	ご職業		
E-mail				
ご購読雑誌(複数可)			ご購読新聞	新聞

最近読んでおもしろかった本や今後、とりあげてほしいテーマをお教えください。

ご自分の研究成果や経験、お考え等を出版してみたいというお気持ちはありますか。

ある　　ない　　内容・テーマ(　　　　　　　　　　　　　　　　　　　　)

現在完成した作品をお持ちですか。

ある　　ない　　ジャンル・原稿量(　　　　　　　　　　　　　　　　　　　　)

書　名				
お買上 書　店	都道 府県	市区 郡	書店名	書店
			ご購入日	年　　月　　日

本書をどこでお知りになりましたか?

1.書店店頭　2.知人にすすめられて　3.インターネット(サイト名　　　　)

4.DMハガキ　5.広告、記事を見て(新聞、雑誌名　　　　)

上の質問に関連して、ご購入の決め手となったのは?

1.タイトル　2.著者　3.内容　4.カバーデザイン　5.帯

その他ご自由にお書きください。

(　　　　)

本書についてのご意見、ご感想をお聞かせください。

①内容について

②カバー、タイトル、帯について

弊社Webサイトからもご意見、ご感想をお寄せいただけます。

協力ありがとうございました。

お寄せいただいたご意見、ご感想は新聞広告等で匿名にて使わせていただくことがあります。

お客様の個人情報は、小社からの連絡のみに使用します。社外に提供することは一切ありません。

だから私は、この一時しのぎのテイクアウト合戦には興味がなかった。単体のテイクアウトとお弁当に魅力を感じなかったのである。

しかし、私は新型コロナウイルス発生の前から、このお弁当事業については考えていたのである。

暫くして、テイクアウトという形態が定着し始めた頃、これからの時代、お弁当やテイクアウトは様々な場面で必要とされ、その役割を発揮するようになる。飲食店側も積極的に取り入れていかないと、新時代に適応していけないと思った。

私のお客様はもう年齢も年齢だし、これから先、新型コロナウイルスが収束しても、以前のようなお店の形態を再現するのは難しいだろう。可能性あふれる未知の時代に向けて、今から変貌していかなければならない。

したがって、単体のテイクアウト、お弁当といった商品ではなく、お店でお酒やコミュニケーションを添えたような付加価値を提供しないといけないのである。

付加価値とは、商品の他に情報や繋がりを生み出す場を、こちらから運ぶことだ。

それが地域に生きる飲食店としての役割であり、大手チェーンとの明確な役割の違いだ。

これをビジネスとしてつくり上げる。地方が抱える、孤独な家庭事情の解消等もその裏にはある。介護とは違う、食を通しての需要と供給をビジネスとしていきたいと思ったのである。

人気店には人気店の理由がある

飲食店には、特徴がある。

私の住む青森県は、煮干しラーメンが人気である、お昼の時間帯には、寒くても、店の外に並ぶ姿もよく目にする。一度は食べてみたいという一見客《いちげん》と、リピーターとの循環も良い。味はもちろんだが、人々を魅了する為の様々な工夫、どんぶりを温くする等、ラーメン屋ならではの店主の想い、従業員等からもお店のカラーが見えてくる。

人は並んでいるお店に入りたがり、予約の絶えないお店に予約を取りたがる。〝お客がお客を呼ぶ〟という現象があるといわれるが、本当にその通りだと思う。

節約の為にと、お客が入る迄、お店の中の電灯を一つだけしかつけず、お客様が入店すると、〝いらっしゃい〟の声と同時に、電灯のスイッチを入れる。夜の繁華街では、そのようなお店が多くあった。

私はあのスタイルは、好きではない。今の時代、節約論やエコロジー等、様々な意見はあると思うが、この場合は少し違うのではないか。

お客様は、扉を開けた瞬間に、お店の経営状態を察知する。今日が偶々《たまたま》暇だったのか、普段から余り活気がないのか。

私は、お店が電気を消しての節約は、致命的だと思う。これから数十分、あるいは、数時間を共にするお客様に、最初にマイナス印象を与えかねない。

その節約を褒めてくれるお客様もいらっしゃるだろう。だが、大半のお客様は、家庭では味わえない雰囲気や、その空気感を求め、来店しているはずだ。家庭的な雰囲気を売りにするお店なら、相応の心配りや、店主のセンスがそのお店に反映する。暗い印象を与えてはいけない。

人気店には人気店の理由があると思う。

ラーメン店なら、やはり味の好みだろう。自分の舌に合う店を見つけ、ランチタイムならば、客の需要、かつ店の立地条件にも合わせた価格やメニューを用意しなければならない。寿司店ならば、いつ訪れても変わらぬ新鮮なネタはもちろん、その板前さんの魅力に惹かれ、通う常連さんも多いであろう。スナックなら、人気の女の子を目当てにしたお客さんが来るはずだ。現状を把握したうえで経営戦略を立てる等、お客のニーズに応えているお店が、人気店となる。

自分の店の売りをどこに持っていけば良いのかを明確に打ち出し、それをとことん追求し、その追求を全うすることが大事である。

お客様も又、その店の売りを理解し、その売りを求めて来店するのである、味、価格、もしくはその店の経営者やスタッフに満足を求め、変化があれば瞬時にそれを察知する。

お客様は、店に行くたびに、自分の満足度を確認していく。

したがって、人気店は自分の店の売りを明確に打ち出し続けなくてはいけない。

地域密着型と大手チェーン型の飲食店ビジネスの違い

私は地域密着型の飲食店を経営している。メインのフロアーはカウンター席が七席と、座敷席が約五十席ある。その間取りから、新型コロナウイルス発生以前の経営状態は、とても良好であった。冬季や農家の繁忙期という地域特有のリスクはあるが、地域の農業団体、経済団体、役所、町会、各学校関係と主要顧客が会合に利用するなどして、それが売り上げの七割程度、後の三割程度のお客様は、カウンターを利用する、いわゆる常連達であった。

地域組織が一年間を通して店を利用する。例えば歓送迎会、冠婚葬祭といった催しの会場として、店は役割を果たす。その時の職員、幹事とは一期一会ではあるが、次の年にも、その流れを繰り返す。こうした信頼関係を、事実として築くのである。

これが私の一番の仕事であった。

そして、大手チェーンによる飲食店ビジネスと違い、地域密着型のお店は、まず、利用人口の絶対数が圧倒的に少ない。一度来店して頂いたお客様には、もう一度、さらにもう一度と、常連さんとまではいかなくとも、その仲間や会社の必要性に応じて店を利用し、活用して頂かなくてはならない。地域密着型のお店は、そのニーズにいかに対応できるか、その能力こそがキャパシティーとなってゆく。

例えば、私の店である。今迄は、開店時間、閉店時間、定休日等の決め事も、時には関係なく営業した。一見ルーズに映るこの形態も、できる限り、地域のイベント、地域の活動に寄り添う経営戦略で、私が十年間実行したとすると、地域で活動するほとんどの組織が私の店を利用することとなる。柔軟な対応力によって店と地元の人々との間に信頼関係が出来上がってゆき、名実ともに、地域になくてはならない店となるのである。

それに対して、大手チェーンのお店は、まず店舗数が多い。お客様は、お店を選ぶ時から楽しみを与えられるのである。選択肢が多く、人々がその都度、今回は、こっち、次はあっちという風に、お店を選ぶ冒険にワクワクし、幹事も又、その皆の期待に応えるべく新しいお店等を開拓して歩く。お客様の方も研究しているのである。

店側も、絶対に一度は足を運んで欲しい、うちの店を選んで欲しいと、工夫し発信してゆく。それにより、各店舗の経営方針や店の役割が違ってくるのであるのである。大手チェーン型、地域密着型、どちらの飲食店も、魅力的で、どちらもなくてはならないお店である。その店舗それぞれの努力や、店の情報発信、個性、自由なセンスが、ポスト・コロナへの挑戦であり、今後の飲食文化を進化させてゆく。

私自身、食を通し、場を提供するプロとして、事業再構築促進事業にまい進し、飲食店としても成長していかなくてはならない。

絶対経費を最大限に活かす術

どの事業、どの商売でも、決まってかかる経費がある。それを絶対経費と呼ぶ。飲食店であれば、家賃や光熱費、加えてカラオケのリース代に有線の利用料である。この絶対経費は、お客様が毎日、満タンに入ろうと、全く入らなかろうと変わらない経費である。

仕入れ、人件費等の経費は、その仕事の内容に比例するので、絶対経費ではない。新型コロナウイルス拡大による緊急事態宣言で、お店を閉めている時であっても、変わらずにかかるこの絶対経費の存在が浮き彫りになった。

私は新型コロナウイルスが発生する以前から、自分の店について考えていた。

私の店の営業時間は、一八：〇〇～二四：〇〇である。地域密着の店という事もあり、色々な団体の予約を受ける時等は、昼間であっても、定休日であっても、その都度、店を営業してきた。

仮に、この形態に朝食営業やランチ営業を加えても、絶対経費は変わらない。そのことを常日頃から分かりながら、一八：〇〇～二四：〇〇の営業を続けてきた。体力的なこともあったが、モーニングやランチ営業によって生まれる、地域密着型ならではの価値を見出そうとしなかったのである。

しかしお店は、極端に言えば二十四時間MAXに使いこなした方が得に決まっている。MAXに使いこなすには、経営能力が最大に問われるところだが、お金の流れのみを考えた時、必ず発生する絶対経費に対し、店の形態を変えてでもフル活用するという考え方は、挑戦のし甲斐がある。

新型コロナウイルスの発生以前は、そう考えながらも、様々なリスクを考え、形態を変えずにきた。だが、新型コロナウイルスが収束しても、以前のような店の経営形態では、活気がなくなり、お客様からも必要とされなくなってくると思った。

私は、移転やリニューアルオープンには、全く興味がなく、絶対経費を一つに集中させ、全て一店舗で実現可能なシステム作りにエネルギーを注いだ。テイクアウトにオードブル、お弁当の配達、ランチ営業等、飲食店に関わる事業の展開をできるだけ考えた。全てが成功すれば、以前よりも売り上げは大幅に伸び、その上昇率は計り知れない。

仮に、ロスの出る形態は取り除けば良いのである。全ての形態に需要がないということなど、自分でその必要性を作り、仕事としてきた私にはありえない。何故なら〝仕事は自分で作る〟からである。

私は、計画案をまとめあげ、認定支援機関となる岩木山商工会の角田経営指導員に、作成してもらった。

厨房のフル活用、時間のフル活用、食材のフル活用、一店舗での絶対経費を、最大限に活かす術《すべ》を、そこに詰め込んだ。こうして出来上がった計画案をもって、「中小企業等事業再構築促進事業」補助金の交付を申請したのである。

個人事業の難しさ

中小企業と個人事業の違いが曖昧な形態も多いと思う。

個人商店から法人組織への転換を考える経営者は多いだろう。従業員の人数や売り上げの上昇、キャパシティーが大きくなってくると、考え時である。個人事業から法人への手続きも、現代では比較的に楽であり、すぐに実行に移せるのである。実は私も事業計画をイメージしている間、どのタイミングで個人事業から法人化すれば良いかを考えていた。新分野を展開するこのタイミングも素晴らしいが、私は、完全な個人事業でお店を統率してきた。従業員、スタッフは常時数名いる、この店の売りをどこに持っていくかの点でいえば、料理でも女の子スタッフでもなく、私に当てていたのである。最初からそうしようと思っていたわけではなく、私が他県出身だった為に自然とそうなったのである。津軽半島独特の言葉が全く分からない頃から、長い年月にわたり商売をしてきた。それだけの経験や、多くの人との巡り合いを重ねた結果、私独特のカラーが自然と店の売りとなったのである。

したがって、今の「暖欒」で新分野へ展開、事業を起こし、従業員数が相当に増えても、このまま個人事業で経営継続した方が適当だと思った。

法人とすれば会社であるが為、当然のように、社員が会社に利益を生まないといけない。社員一人一人が利益追求の対象となり、そのバランスが崩れれば会社の危機となる。それに比べて、個人事業のほとんどは事業主本人が主体である。

個人事業から、成長し、キャパシティーが大きくなってゆき、個人の手には余るようになってきた頃、経営者は個人事業から法人へ転換するかを選択するのである。

やはり社会的信用度を踏まえ、法人にするか、個人事業を選択するかは、その経営者の裁量だと思うのである。

キャッシュの強みとキャッシュの脅威

私の商売の歴史は長く、色々な飲食における商売をしてきた。

およそ二十七年間、その全てをキャッシュで行ってきた。キャッシュで仕入れをし、支払いもキャッシュ、スタッフの賃金も毎日、閉店とともに支払い、売掛、買掛ともにゼロという経営方針を貫いた。


青森県は、食材の宝庫であり、商売のネタがゴロゴロあると、十九歳で初めてこの地を訪れた時に、私の商売への魂、私のチャクラが強く動いたのを覚えている。

陸奥湾ホタテに十三湖のシジミ貝、アワビに深浦の巨大サザエ、山菜や天然キノコ、松茸にリンゴ、川ガニや、ヤツメウナギ等を、当時は少なかった道の駅をイメージした直売所で販売、発送。天然キノコや松茸等を、お蕎麦やうどんと共に提供するお店を観光地の麓で開いていた。高級食材の松茸は一シーズンに一度は食べて頂きたいと、なかなか購入できない庶民向けに、〝ドライブがてら直売所で地元名産品を買って、そしてお蕎麦を食べて帰る〟という、家族向け戦略が当たったのだ。これは私の商売経験の中でも、鮮明に思い出すものである。夜は、この食材を食べさせるお店を繁華街に出した。

長い年月、商売をしてきたので、閉店や移転もあった。現在では、シーズンの仕事はやめている。というのも、私は、市場から仕入れるのでなく、山菜やキノコ等は、直接取り手から仕入れをしていた。しかし皆さん、年配になられ、他界された方々も多く、自然と私の商売から、遠ざかっていったのである。

地域密着型の店として、常設店の経営へと私の経営スタイルも変化していった。

この商売の全てを私は、キャッシュで行うことを絶対としてきた。

先に触れたように、私の父は事業家であり、自分のつくった会社を二度も倒産させる等、非常にスタミナのある人間である。小切手、約束手形での取り引きが多く、私は父が二度目に倒産する迄、そうした取り引きに携わっていた。

実家の倒産経験や、自分の商売の経営悪化を受け入れた私は、商売で生きてゆくのなら、私の責任において、全てキャッシュで全うしようと私の魂に誓ったのである。

お客様が、その日の飲み代を現金で支払う。直売所でも同じである。お客様が松茸を現金で買う。その現金を、仕入れ代金やアルバイトの給与とする。それを別に回せば、資金繰りが詰まるのは当たり前の事なのだ。

資金の運用の能力があるのならば、この経営形態ではなく、もっと合理的な経営の形態や戦略があるはずだと思う。

経営者の裁量や能力次第ではあるが、私は、日銭商売の恐ろしさも経験している。なので、当日の売り上げは寝かせ、運用はしないできた。

現金程強いものはなく、十円で仕入れてきた物がその場で売れたなら、それ相当の金額になる。極端な例を出せば、その日、現金がなくても一日の商売を終える時には、現金が手元にあり、今日止まるはずの電気代や携帯電話の支払いができる。資金を回す器量があれば良いが、直ちに支払いを済まさなければならないものもある。今日、得た現金を電気や携帯電話の支払いに回さず、何かに投資したとする。いつか何倍になったとしても、もう遅い。明日は、何も売れず、現金が入ってこない可能性もある。

時には痛い目も見つつ、現金の大切さを実感して裕福に育った。日銭第一が、私の商売の鉄則であったのだ。

しかしこの新型コロナウイルス発生後、事業拡大に向けて私の方針は変化してきた。

〝キャッシュでの支払いは大歓迎、カード、ＩＤでのお客様も大歓迎〟

仕入れの支払い、スタッフの賃金も、そのほとんどを月末締めにし、売り上げは運用することにしたのである。
この方針は、新型コロナウイルス発生により、政府が打ち出したＧｏ Ｔｏ Ｅａｔキャンペーン事業に私のお店も加盟しており、このシステムにより、これからは個人事業であっても、現金を活用し、手元に運転資金として置いておかないと、その対応に、体力に限界が来ると思ったからである。
その時代のニーズに合わせ、形態を変え、変貌させてゆく、商売は、全く面白い。

キャッシュで払って頂き、
全てをキャッシュで払う。
スタッフにも毎日帰りにキャッシュで支払う。
支払えないなら、私は商売を止める。

こんな私の哲学にも変化が来るとは。まさに新時代への挑戦である。

現在の実働経過

現在までの経過を時系列に追っていくと、公募申請、採択結果、補助事業開始、補助事業終了、ここまでが今までの流れである。現在、最終段階の実績報告等の事務申請をしているところである。

店内では、新しいお弁当配達事業のための厨房《ちゅうぼう》で、新たにスタッフを加えて、お店のフル活用が始まったばかりである。

現場で働く男性向けに、炭水化物も大盛りにおかずもたっぷりのボリューム満点弁当や、女性向けの、地元の野菜、今の時期だと山菜を入れた旬の彩り弁当や、「暖欒」に全てお任せスタイルの日替り弁当も人気となった。

1個800円であり、配達は前日までの予約としたため、新事業でありながらスムーズに流れ始めたと思う。

やってみて思ったことは、コロナの濃厚接触者にあたる家庭や、買い物に行けないご家庭にむけて、子供用のお弁当や大人向けのお弁当等、様々なニーズに対応しなく

てはならず、やはりコロナ禍では、この様な配達事業が必要なのだと思った。そして、地域密着ならではの対応ができることがスタッフ達の喜びとなった。

本来であれば、春には各組織の総会や歓送迎会でお店は賑やかであったが、まん延防止等重点措置が解除になっても、まだまだコロナ禍のまっ只中であり、お客様を集めることが難しく呼びかけることもできない現在。総会をやらないかわりに〝折〟をお土産として持たせる。この形態に参戦し、お客様とのコミュニケーションを保てるこ

とが大きな喜びであった。そして、今回の新たな事業での一番の喜びは、今までのお客様のご家族や仲間・職場の方々に、コミュニケーションの場が広がったことである。夜の会合だけだと、なかなかご家族にまでお会いする機会は少ないが、お弁当や〝折〟の配達事業となると、その幅は広がり、私達お店の役割も変わってきた。

これこそ地域密着の原点であると実感している。この事業、この役割を、そのお客様の子供や孫にまで繋げていけたら、幸せな仕事であると思う。

この様なことを考えながら、お弁当を作るのはとても楽しいと思っている。お弁当を開けてくれる時の光景を考え、私的に、とても夢のあるお仕事として捉えている。

挑戦とは

私は思う。

挑戦とは、結果が出るだけのことではない。目的や夢の実現の為に行動している間が挑戦である。

私は、今回の事業再構築補助金だけでなく、いくつもの結果を出さなくてはいけない挑戦をしてきた。

何かに挑むと、結果が出る。

勝つ・負ける、合格・不合格。

私は以前に、乳癌を患った。この時の手術にも成功といえる面と失敗といえる面がある。もっとも、この場合は挑戦というよりは、私は癌に勝たなくてはいけなかったのだが。

人間は、人生の中で幾度かの挑戦をしないといけない時がある。まず子供の頃の受験に始まり、小さな挑戦から、私のような人生の転機となる挑戦も出てくる。国への事業再構築補助金申請に加え、この二冊目の著書も私の挑戦だ。

今思うことは、本も書いての事業再構築であり、私には、一番良いタイミングでこの二冊目になった。

処女作『光のエナジー』出版直後、新型コロナウイルスで、私の活動も、商売も、全く動かない二年間であった。

しかし強制的に一旦停止させられたからこそ、新たな事業計画に挑戦できたこの事業計画名は、「ローカルエリア地域へのお弁当及びテイクアウトの配達事業」。思いつきを計画書にまとめ、国に提出する迄の流れは、まさに挑戦の連続であった。それが採択されたこれからは、責任も加わっての挑戦となるのである。

この一連の流れを、文芸社特別販促企画として執筆。今回も親子同時二冊目の出版となったのである。

親子で同時に本を出す。

私にとっては、一番タイミングの良い、また執筆活動人生で重い一冊になりそうだ。


私は思う。

これまで幾度か挑戦する中で、自分のエネルギーを愛に変えて挑む時もあった。怒りに変えて手術に向かった時もあった。

今回の新型コロナウイルスによる大打撃によって、もがき苦しむ飲食店からの新たなる挑戦。振り返ってみると、今回の挑戦は私の今迄の挑戦の中では穏やかなものだったと思う。

人を集めちゃいけない、年間行事の活動は全て中止と、そこだけを見ると最悪であるが、私は意外にも心穏やかに過ごした。せっかく頂いた貴重な時間。テレワークで帰ってきた子供達と又一緒に生活をすることで充実させ、感謝し、本心からラッキーだと思っている。

大勢では会えないので、私の親友、友達、私のソウルメイト達との時間をゆっくりと深く過ごしてきたのである。

その時やれること、飲食店、店のママとしてのアフターコミュニケーションや、ちょっとした差し入れを持っての地域組織への顔出し、お店は休みでも、経営は悪化でも、私が心穏やかになれたのは、コロナ禍の今だからこそと思う。

〝挑戦は、皆を巻き込んだ方がいい〟

一緒に戦ってくれる仲間を人生で何人見つけられるか。この点において私は、恵まれた環境にあったと思う。

商工会の会員の中で、私ほど商工会の持つ能力、人脈を使い切った人はいないだろう。やはり、いきなり挑んだのでなく、今迄の私との密着度、そして、私の地域との密着度の結果が、滑らかに、折れない弓のような流れをつくったのだ。

私は思う。

お金のエネルギーも、目に見える形あるものだけでなく、あらゆる自分の可能性に、お金の入り口、自分の玄関、ゲートを広げた方が良い。

人生は、挑戦に、チャンス。幅広く、末広がりに、歩んでゆく挑戦者でありたい。

私は思う。
〝やってきたことが人生で
やってきたことが全て〟
そして又、全てはこれからである。

事業再構築補助金に応募し、二〇二一年六月十八日に、私の計画案が採択された。

長く延びた工事も無事に終え、二〇二二年三月三日より新しい厨房で、お弁当を作り、配達事業を始めて五日目。地元のテレビ局RAB青森放送では、お弁当を農家の畑や、商工会に運ぶCMが流れている。


私は思う。

この挑戦で得ることはとても多く、そして大きいエネルギーだった。

新しく生まれ変わった厨房で働くスタッフを見て、私は、びっくりする。

私のスタッフがキラキラと輝いている。

笑顔の絶えない厨房に育っていってくれたら有難い。スタッフの働きやすい環境をつくるのも、私、経営者の仕事だ。


これからも、新しいアイディア、発想、そして、新時代への飲食店スタイルを、日々、ワクワクし、楽しみながら挑戦していきたい。

青森県の松茸を東京の市場に出荷し、ブランド化しようと挑戦した時。夏祭りの再現、祭りをやる前（主催者側）とお客様の一体化への挑戦、いずれも、私は、この地域密着型経営が好きなのだ。これは天が私に与えた使命なのかもしれない。

私は思う。

〝成功〟のコツや、秘訣《ひけつ》があるとするならば、〝好き〟を見つけることだ。好き、楽しい、面白い、美味しい。この追求だ。

私は思う。

〝挑戦〟とは〝好き〟の追求であると。

将来の展望

生まれ育った土地を離れ、この青森県弘前市で何十年も商売をして来た中で、私は地域で生きる人達の人間模様に触れ、その生活習慣に慣れ、商工会との深い関係性をつくることができ、地域密着型経営者として今回の新事業に挑んだ。

大手チェーンとの役割の違いや、コミュニケーションの必要不可欠さを主題とし、展開している。だが個人事業には限界があり、会社組織での対応を視野に入れ、お弁当プラス生活事情のある方々への生活必需品の配達等も考えている。

〝ウィズコロナ〟時代のライフスタイルに、まだまだ対応できない地域がある。弱者や孤独な生活環境での情報の乏しさ、行政で手の届かないナイーブな家庭問題。

この地方の抱える問題をポジティブに捉えた場合、食事や生活必需品が定期的に配達されていれば、ヘルパーや訪問介護職員などに頼らずとも生活できる人達がたくさんいる。その人達は、今迄の生活環境をできるだけ変えたくないという想いがある。

訪問介護職員が来る迄の間、一日でもお弁当の配達が入るだけでも、その人のやらなくてはならない家事が減り、その家庭のバランスは全く変わる。家族の一人にだけ負担がかかるということもなくなる。

もし、私の家族に不自由が生じ、色々な選択ができるとしたならば、まず、どこの誰が作っているか分かる食事の配達、そこにあたたかなコミュニケーションをそえてくれる地域密着型企業に頼むであろう。この企業こそ、私の目指すものなのだ。

お弁当配達事業は始まったばかりではあるが、今、弘前市は、コロナウイルスまん延防止等重点措置期間である為、様々なニーズにできるだけの配慮と対応をしたい。

時間外の配達をはじめ、小さな子供さんからお爺ちゃんお婆ちゃんまでもが喜んでくれるようなお弁当を届けたい。地方では、三世代が同居している家庭も多く、その中に入っていける企業にしたいと思っている。

私の母親の実家は鹿児島県で、病院や介護施設を経営しており、地域密着型施設作りに、その信念を貫いた亡き叔父が残した施設がある。

私の身近にも、介護や、誰かの手助けがないと生きられない人がいる。そうした人達にできるだけ寄り添い、コミュニケーションが取れる環境が充実すれば、その家族の安堵は計り知れないと思うのである。

『光のエナジー』で私は次のように書いた。

〝孤独じゃないからね
一人ぼっちじゃないからね〟

〝ごめんね、気づいてあげられなくて
今度は言ってね
寂しい時は

教えてね〟

この一冊は、まさにその人の人生に寄り添っている一冊である。メッセージや、写真で表現し、どこからでも入り込む光を、日々の生活の中でキャッチできるようにとつくったメッセージ本である。

私は事業計画とは別にこの執筆活動域も広げていきたい。執筆という表現活動を加え、その末広がりの展開に自分の人生を運んでゆきたいと思っている。

そして又、形あるものに対してだけでなく、自分の才能や可能性を収入に結びつけられるよう準備をしていきたい。チャンスがあるならば、自己に投資し、自分への期待値を高め、お金というエネルギーを最大限にチャージしたい。

自分の感性、感覚が、形となるのであれば、やはり私はそれを追求するであろう。

私の幼い頃からの経験や病歴を知る人々は、私の人生は太く短いものであろうと思ったはずである。だが、きっと私の人生は太く長いものになるだろう。

私の「あづさ」という名前は、『万葉集』に出てくる〝あづさ弓〟からとられている。私は、これからのウィズコロナ時代を、柔軟に、あづさ弓のごとく、しなやかに生き抜いていこうと思う。

最後に

新型コロナウイルスが世の中を支配し、飲食店業界に大打撃を与えた頃、私は国の〝令和二年度第三次補正予算「中小企業等事業再構築促進事業」〟の存在を知った。そうして地元岩木山商工会の角田経営指導員の協力を得て、この地方だからこその飲食事業の必要性を訴え、事業展開の補助金を申請。採択となり、これから新時代への挑戦が始まる。

私はこの新たな挑戦の舞台に乗ることができたことへの期待、そして選ばれた事実への責任を果たす経営者でありたい。

今、大きく時代が変わる。

その渦の中で、あらゆる可能性に挑戦し、発信者でありたい。

私の新しい事業計画に賭けてくれた、岩木山商工会の角田経営指導員、本当にご苦様でした。有難うございました。角田指導員がいなかったら、この現実はありませんでした。深く感謝しています。

そして、当時の岩木山商工会会長で、現在中南連絡協議会の会長の石田豊章氏、そして現在は岩木山商工会を退職なされた奈良岡事務局長、職員の皆様、力を貸して下さり、又、私を育て、チャンスを与えて下さり、有難うございました。

ご縁のあるスタッフ達、長年にわたり、この新型コロナウイルス発生後の店にも不安を表に出さず、前を向き、私についてきてくれて有難う。

最後に世の中で一番小さな組織、私の家族、私の新たな挑戦を一緒に楽しんでくれて有難う。

CMに出てくれた歌手の桜星まみさん、地元放送局の方々、この私の事業再構築促進事業補助金に関わって下さった皆様方に、深く感謝しています。有難うございました。

本当に有難うございました。

松山あづさ

商工会のサポート内容　「酔い処　暖欒」の新事業に対して

青森県商工会連合会　　角田　英貴

二〇二一年の初頭に、「酔い処　暖欒」を経営する松山氏より岩木山商工会に最初のご相談がありました。「暖欒」は岩木地区の居酒屋として長年営業しており、地元の人々を中心に宴会などで集う場として知られていました。ですので、商工会としても当初から長く関係性を築いておりました。

最初の相談の時点から、コロナ禍で売り上げが落ちた「暖欒」の新事業としてお弁当・テイクアウトの配達を始めたいこと、配達事業により、りんご農家の人達がお昼の弁当に困っていることを解決できるなど、松山氏の中でおおよその方向性は定まっている状態でした。

商工会としては、これ迄居酒屋として営業していた「暖欒」がお弁当配達を始める為の事業計画の策定及び、新しく始まった中小企業庁の補助金制度「事業再構築補助金」へ申請する為のサポートを行いました。

サポートにあたっては青森県商工会連合会のエキスパート事業を活用し、中小企業診断士の協力を得ながら進めました。専門家の視点から経営資源や課題を洗い出し、松山氏の目指す事業を実現する為の計画策定を進めていきました。

事業計画策定にあたって、弁当配達事業がコロナ禍に対応する新事業としてだけでなく、青森・津軽の地域課題を解決する事業となることにも注目しました。

「暖欒」には元から地元の人々との業種を超えた様々な繋がりがあり、近年はりんご農家さんも訪れるようになり関係性を築いていました。その中で、弘前市内のりんご農家は大規模農家が多く、十数名で作業を行っていること、お昼は一度帰宅して家でご飯を食べているが、できることならお弁当等を畑で食べる方が理想的だ、という声が松山氏のもとに多く寄せられていました。しかし、りんご栽培は作業工程も多く早朝から仕事に取り組む為、昼食を用意する時間を確保することが難しいという事情がありました。

このような地域事情を解決する為の「農家向けの弁当宅配事業」として、単なる新事業以上の意味を持つことを目指しました。農作業をするエネルギーを補充する為の地元の食材を取り入れたお弁当を店舗で作り、農家さんが指定する地点迄配達するという事業概要としました。地元の農家さんがお店に集っていたからこその発想は、松山氏ならではの視点であり、既存のコンビニや弁当店などとは違う、地元だからこその独自化を実現しました。

これらの内容について松山氏のビジョンを中心に、専門家の意見も交えて協議を重ねながら、「暖欒」の新事業『ローカルエリアへのお弁当及びテイクアウトの配達事業』の計画策定を支援しました。

父から娘へ

「酔い処　暖欒」という居酒屋は、弘前市岩木町で営業しております。

岩木町には有名な岩木山があり、その岩木山の麓には、岩木山神社が存在し、毎年最大の祭りが展開されています。

弘前といえば「弘前城」と「岩木山」が、観光客を誘引する二大要素の地であるといえます。

居酒屋「暖欒」は、雄大な「岩木山」と、「岩木神社」で行われる神々への祭り、また全国的に有名な弘前城の「さくら祭り」に、岩木山商工会（会長・石田豊章氏）等の応援により、運営して参りました。店舗開店から十年を過ぎて、今後更に地域に貢献しようと頑張っていた二年前頃より、世界的に広がりを見せるコロナなる流行病のため、日本国全体においても、人的・経済的に大打撃を受けた事はいうまでもありません。

居酒屋「暖欒」も大きな影響を受けたわけですが、店主・松山あづさは、いつも明るく、他人には優しい思いやりのある性格で、昔、猛威をふるったスペイン風をしのぐほどのコロナ禍をも乗り越えて前進しようと、毎日一生懸命であります。

新しく構築し営業を再開する「弁当」の注文と配達は、青森県特産のリンゴ農家への開拓等が、営業展開の変わった所と思われます。日本一の売り上げを誇る青森リンゴの中心地弘前市において「暖欒」における、昼食弁当の配達は、リンゴ農家の繁忙を助け、また「暖欒」の再構築事業を発展させるものであると思っております。

長年に亘って松山あづさの経営する「暖欒」を愛し、育んで下さった方々に心より感謝致し、更なる発展にご協力下さるようお願い申し上げます。

二〇二二年六月　吉日

父、松山　進

著者プロフィール

松山　あづさ（まつやま　あづさ）

表現者・エッセイスト。
1972年生まれ。
弘前市在住。
著書『光のエナジー』（2020年　文芸社）

個人飲食店　地方からの挑戦

2022年12月15日　初版第１刷発行

著　者　松山 あづさ
発行者　瓜谷 綱延
発行所　株式会社文芸社
〒160-0022　東京都新宿区新宿1－10－1
電話　03-5369-3060（代表）
03-5369-2299（販売）

印刷所　神谷印刷株式会社

ISBN978-4-286-24064-0